# MANDALAS

*para concentrarse*

**LIBSA**

 Para reducir lo infinito a lo finito, lo inasequible a lo humanamente real, no hay más que un camino: la concentración.

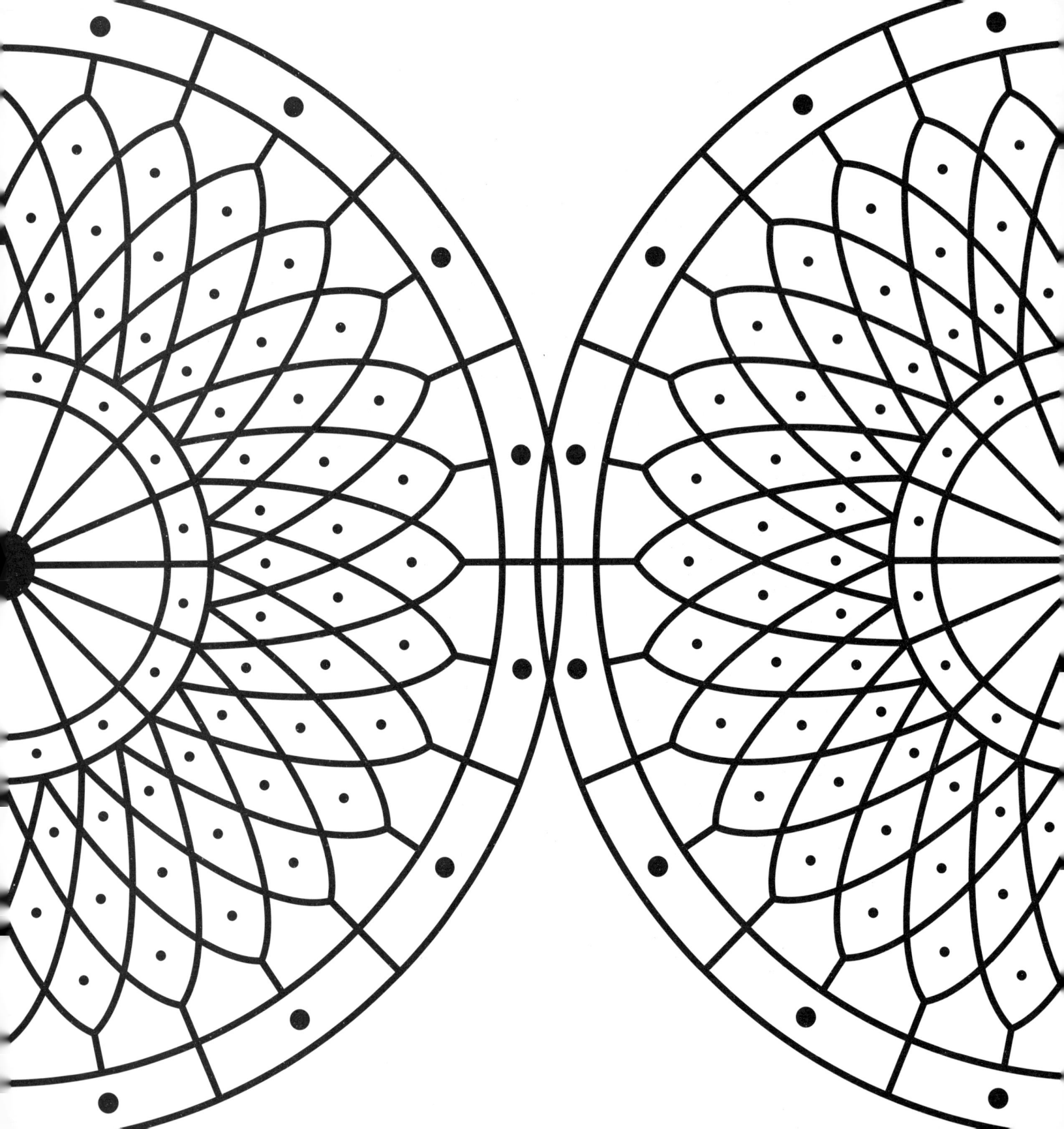

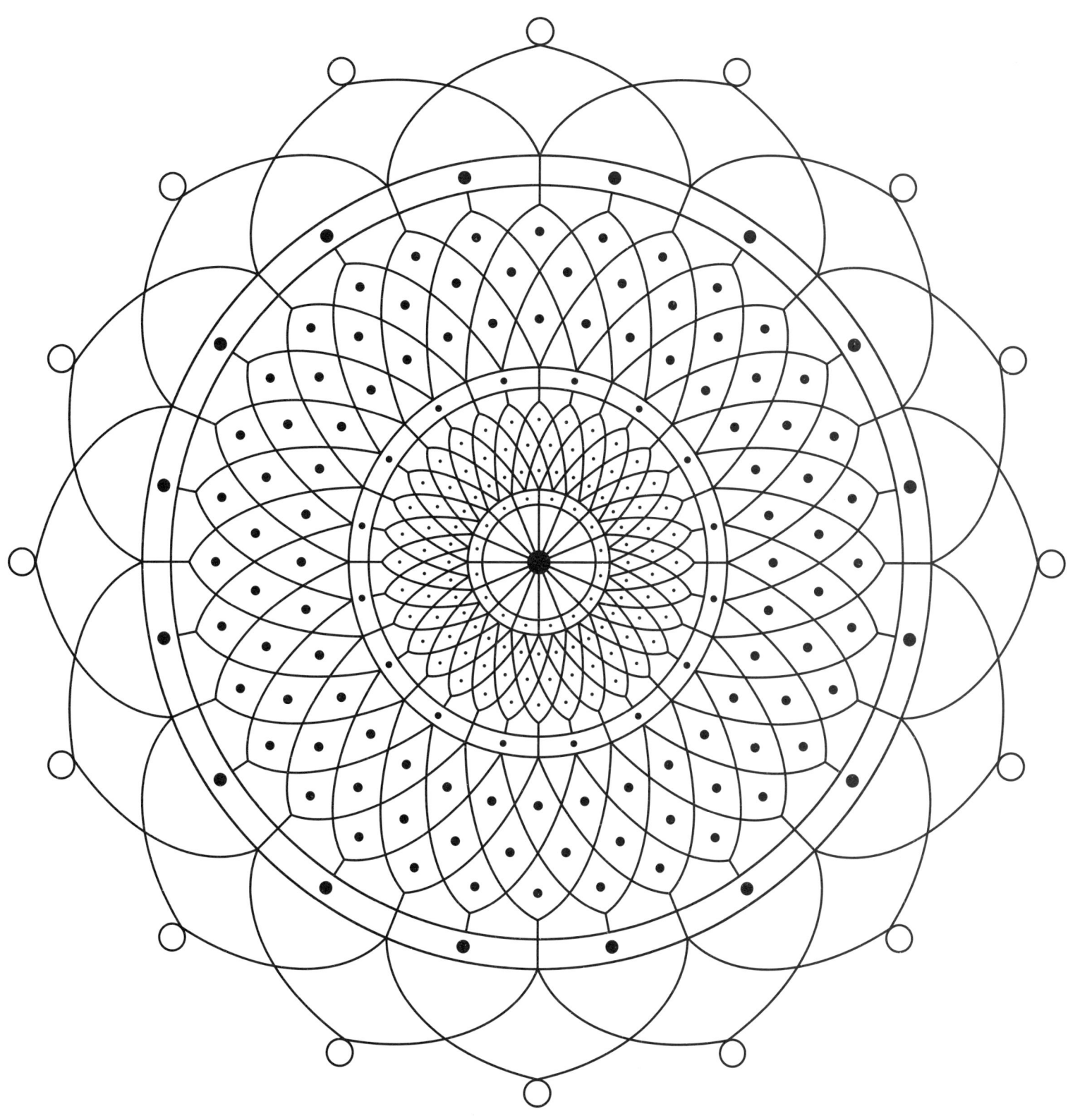

 Concéntrate en cada pequeño trabajo. El éxito no se mide con tus logros, sino con los obstáculos que has superado.

 La clave del éxito solo tiene
dos pasos: concentrarse un 90%
del tiempo en las soluciones
y solo un 10% en los problemas.

 Enfócate en lo que puedes cambiar, el único límite para tus logros del mañana son las dudas que tienes hoy.

El futuro siempre está en construcción, así que concentra todos tus pensamientos en el trabajo que tienes ahora entre manos.

 Si algo te asusta y te parece muy difícil, concéntrate en lograrlo, porque seguramente es algo que vale la pena.

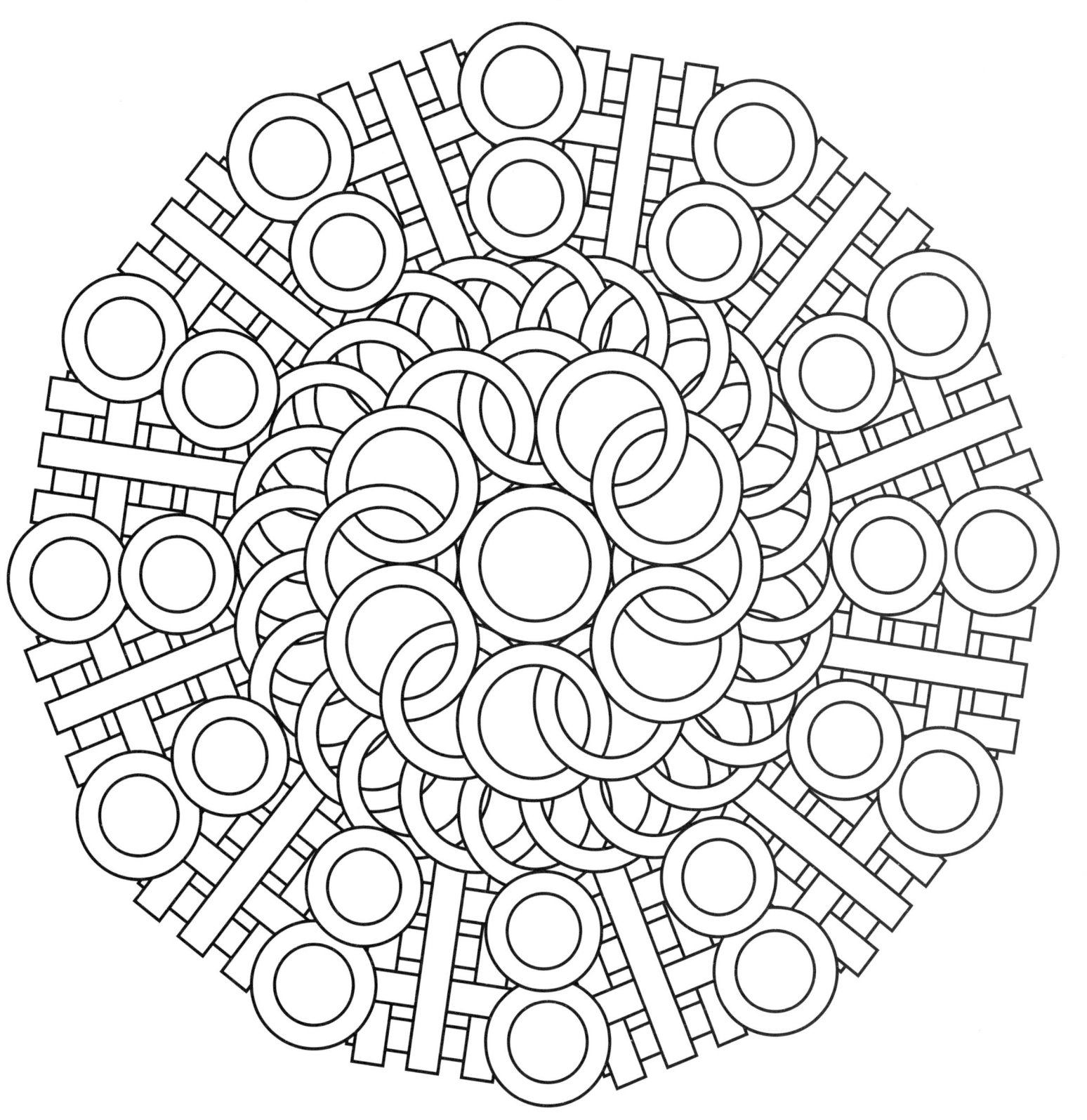

Concéntrate y empieza por hacer
lo necesario, después haz lo posible
y pronto verás que estás haciendo
lo imposible.

Si solo te concentras
en hacer lo de siempre,
tendrás que conformarte
con obtener lo de siempre.

**La concentración
te hará empezar.
El hábito te mantendrá
en marcha.**